나의 첫 세계사 14

자유와 평등을 외친 프랑스

박혜정 글 | 이예숙 그림

휴먼 어린이

하늘 높이 떠서 세상을 환하게 비추는 태양처럼
세상에서 가장 빛나고 힘센 왕이 되고 싶은 사람이 있었어.
바로 프랑스의 왕 **루이 14세**야.
루이 14세는 그저 꿈만 꾸었던 게 아니야. 다섯 살에 왕이 된 후에
72년 동안 그 자리에 있으면서 정말로 유럽에서 가장 강한 왕이 되었거든.

루이 14세의 별명은 '태양왕'이었어.
강력한 군대를 이끌고 유능한 신하들과 나라를 다스리던 루이 14세는
베르사유 궁전을 크고 화려하게 지어서 왕의 힘을 온 세상에 자랑했어.
유럽의 다른 나라 왕들도 루이 14세처럼 되고 싶어서 그의 궁전을 따라 짓곤 했지.
그 무렵 프랑스와 유럽에서는 무슨 일이 벌어졌을까?
오늘 우리는 프랑스로 가 보자.

프랑스는 서유럽에서 가장 넓은 나라야.
서쪽은 대서양과 만나고 남쪽은 지중해에 닿지.
북쪽 바다를 건너면 영국이 있고, 동쪽 국경선 너머에는
독일, 이탈리아, 오스트리아 같은 나라들이 있어.

유럽 나라들은 서로 맞닿아 있어서
어느 한 곳에서 무슨 일이 생기면 다른 곳에서도
비슷한 일이 생기곤 했어. 마치 도미노처럼 말이야.
사건이 시작될 때 그 중심에는 프랑스가 있을 때가 많았어.
프랑스에 강력한 왕이 들어서면 다른 나라도 그렇게 되었고,
프랑스에서 혁명이 일어나면 다른 나라에서도 혁명이 벌어졌지.
원래 프랑스는 그렇게 힘센 나라가 아니었지만,
루이 14세가 왕의 힘을 점점 키워 나가면서 나라의 힘도 쑥쑥 커지게 되었어.

● **혁명** 이전의 방식에서 벗어나 새로운 것으로 고쳐 변화시키는 일.

루이 14세가 왕이 될 무렵, 유럽 나라들 사이에 여러 전쟁이 벌어지고 있었어.
유럽의 왕들은 전쟁에서 이기려면 왕을 중심으로
힘을 모아야 한다는 걸 깨달았어. 루이 14세도 그렇게 생각했지.

프랑스를 유럽에서 가장 강한 나라로 만들자!
그러려면 귀족들의 힘을 약하게 만들고,
왕의 힘을 키워야 해.

루이 14세는 자신이 임명한 관리를 나라 구석구석으로 보냈고, 귀족들을 왕의 궁전으로 모이도록 했어.
맞아, 그 궁전이 **베르사유 궁전**이야.

화려하고 웅장한
베르사유 궁전에는 수많은 방이 있어.
그중에 특히 유명한 것은 '거울의 방'이야.
열일곱 개의 커다란 거울과 창문이 마주 보고 있는 방인데,
길이가 70미터나 돼. 방 하나가 학교 운동장만큼 커다랗지.

거울의 방 천장에는 루이 14세가 마치 신과 같은 모습으로 그려져 있어.
태양왕 루이 14세의 힘을 보여 주며 신을 우러러보듯 왕을 받들라는 뜻이지.

베르사유 궁전으로 불려 온 귀족들은 왕이 정한 규칙을 지키면서 생활해야 했고,
날마다 열리는 파티에 참여하기 위해 많은 돈을 써야 했어.
귀족들은 이런 생활에 점점 익숙해졌고, 왕에게 더욱 충성을 바쳤지.

루이 14세가 베르사유 궁전에서 놀기만 한 건 아니었어.
능력 있는 신하들과 함께 나라를 힘차게 이끌어 갔지.

영국이 벌써 아메리카에 식민지를 만들었다고?
프랑스도 아메리카에 진출하도록 하라.

물건을 사고파는 상업이 중요한 시대가 되었다.
상인들을 보호하고 프랑스가 무역의 중심지가 되도록 하라.

루이 14세는 신하들에게 이런 말도 했어.

"유럽에서 벌어지는 전쟁에는 꼭 참여하라.
전쟁에서 이기면 프랑스 영토를 넓힐 수 있다."
"내가 다스리는 나라에 개신교를 믿는 사람은 없어야 한다.
모두 가톨릭을 믿도록 하라."

72년 동안이나 프랑스의 왕이었던 루이 14세는 정말이지 많은 일을 했어.
그중에는 나라에 좋은 일도 있었지만, 그렇지 않은 일도 있었지.

루이 14세는 개신교를 믿는 사람들을 차별했어.
특히 상인이나 기술자가 개신교를 많이 믿었는데,
그중에는 종교 때문에 목숨을 잃거나 나라를 떠나는 사람들도 생겼지.

끊이지 않는 전쟁도 프랑스 사람들을 힘들게 했어.
전쟁을 준비하려면 돈이 많이 드는데,
그 돈은 모두 백성들이 낸 세금이었을 테니 말이야.
루이 14세가 죽었을 때 백성들은 그다지 슬퍼하지 않았다고 해.
세금만 많이 걷고 전쟁을 자주 벌인 왕이라고 생각했던 거지.

또 전쟁이야!
내 세금

루이 14세가 다스리던 프랑스는 화려해 보였지만, 실제로는 점점 가난해져 갔어.
화려한 궁전을 짓고 사치스러운 생활을 하느라 돈을 너무 많이 써 버렸거든.
전쟁할 때도 큰돈이 들었지. 루이 14세의 후손인 루이 15세를 거쳐
루이 16세가 나라를 다스릴 때가 되자 프랑스의 나랏돈은 바닥이 났어.
더군다나 저 멀리 아메리카에서 일어난 미국의 독립 전쟁에까지 끼어들어서
많은 빚을 지게 되었지 뭐야.

루이 16세의 충성스러운 신하가 말했어.

방법은 하나밖에 없습니다.
평민들만 내던 세금을 성직자와
귀족에게도 걷어야 합니다.

프랑스에서는 오랫동안 세 개의 신분으로 사람을 나누었어.
성직자와 귀족, 그리고 평민 계급이 있었지.
성직자는 하느님에게 속한 사람들이라면서 세금을 내지 않았어.
귀족들은 칼과 피로 나라를 지켜 왔다면서 또 세금을 내지 않았지.
대부분의 프랑스 사람들은 상인과 농민 같은 평민이었는데,
이들만이 나라에 세금을 냈던 거야.

루이 16세가 베르사유 궁전으로 세 신분의 대표들을 불러 모았어.

> 나라에 돈이 없으니, 성직자와 귀족도 세금을 내면 좋겠소.

평민들은 당연히 찬성했고,
성직자들과 귀족들은 반대했지.
웅성웅성, 두런두런, 왁자지껄, 시끌벅적.
회의는 쉽게 끝나지 않았어.

오! 찬성

성직자   귀족   평민

당시 프랑스 의회는 불공평하기 짝이 없었어.
세 신분의 대표들이 함께 모여서 의논해 봤자,
성직자와 귀족의 뜻대로 나랏일이 결정되었거든.
평민 대표들은 말했지.

우리 같은 평범한 국민이
훨씬 많은데,
저들 뜻대로만 돌아가는
의회가 무슨 소용입니까?
우리야말로 프랑스를
대표하는 사람들입니다.
국민을 대표하는
'국민 의회'를 만듭시다!

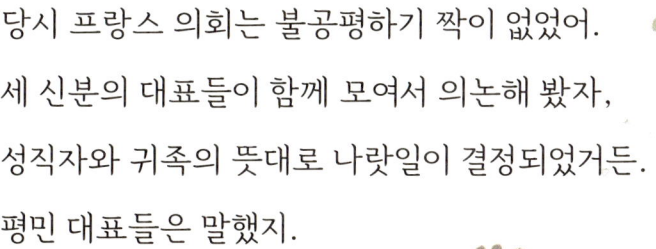

결국 회의장에서 내쫓긴 평민 대표들은 왕과 싸워서라도
자신들의 뜻을 이루어 내겠다며 물러서지 않았지.

프랑스의 수도가 어디인지 알고 있니? 맞아, 파리야!
평민 대표들이 왕에게 맞선다는 소식은 파리에도 금세 전해졌어.
파리 시민들도 들썩였지.

파리 시민들은 먼저 바스티유 감옥으로 향했고, 그곳의 무기와 화약을 차지했어.
왕의 군대가 평민 대표들이나 파리 시민들을 공격한다면,
무기를 가진 파리 시민들이 왕을 공격할 수도 있다는 뜻이었지.
프랑스 혁명은 이렇게 시작되었어.

혁명이 일어났다는 소식은 파리를 넘어 프랑스 구석구석으로 전해졌어.
귀족들의 지배를 받으며 그동안 많은 세금을 내야 했던 시골 농민들도
어디선가 무기를 구해 와서 귀족들을 공격했어. 온 나라에 혁명이 퍼지자,
프랑스 왕은 평민 대표들의 의견을 들어줄 수밖에 없었지.
이제 평민 대표들이 만든 국민 의회가 나라를 이끌게 될 거야.

인권 선언

곧이어 국민 의회는 《인간과 시민의 권리 선언》을 발표했어.
프랑스 인권 선언은 이렇게 시작해.

"모든 인간은 태어날 때부터 자유롭고 평등할 권리를 갖는다."

이제 프랑스는 왕과 귀족이 마음대로 통치하는 나라가 아니라,
공평한 법으로 다스리는 나라가 되었어.
국민 의회는 헌법을 만들고,
새로운 나라에 어울리는 제도를 하나둘 만들어 갔지.

혁명이 일어난 프랑스는 전과는 다른 나라가 되었어.
하지만 새로운 프랑스를 못마땅하게 여기는 사람들도 있었지.
그건 프랑스 주변 나라의 왕과 귀족들이었어. 자기네 나라 사람들이
프랑스를 따라 혁명을 일으킬까 봐 무척 겁이 났거든.

결국 프랑스와 이웃해 있는 나라들이 군대를 모아서 프랑스를 공격해 왔어.

프랑스와 국경을 마주하고 있던 오스트리아가 앞장서서 벌인 일이었지.

프랑스 시민들은 힘을 모아 나라를 지켰어.

그런데 이때, 프랑스 사람들을 아주아주 화나게 하는 사건이 벌어졌어.

프랑스의 왕과 왕비가 몰래 프랑스를 탈출하려다가 들키고 말았거든. 맙소사!

루이 16세의 왕비는 **마리 앙투아네트**야.
원래는 오스트리아의 공주였는데, 프랑스 왕과 결혼하면서 프랑스 왕비가 되었지.
혁명이 일어나자 왕비는 자신의 부모님이 계신 오스트리아로 도망갈 계획을 세웠어.
마차를 탄 왕의 가족들이 프랑스 국경을 막 넘어가려던 순간,
그만 정체를 들키고 쫓아오던 군대에 잡히고 말았던 거야.

"국민을 버리고 도망가는 왕이라니! 국민을 공격하는 나라와 손잡는 왕비라니!"
루이 16세와 마리 앙투아네트는 이제 죄인이 되었어.
왕과 왕비는 결국 단두대에서 목숨을 잃게 되었지. 그뿐만이 아니야.
앞장서서 혁명을 이끌던 사람들과 다른 생각을 가진 사람들도 단두대로 보내졌어.
외국 군대와 벌이는 전쟁에서도 많은 사람이 죽어 나갔지.

● 단두대   죄인의 목을 자를 때 사용하는 기구.

무섭고 우울한 시간이 지나가고 있었어.
사람들은 이제 혁명이 마무리되면 좋겠다고 생각했어.
전쟁도 멈추기를 바랐지.
그런 프랑스 사람들 앞에 짜잔, 하고 등장한 사람이 있었어.
바로 **나폴레옹**이야.

"나폴레옹이 나타났다!"
프랑스 사람들은 환호성을 보냈어.
혁명을 방해하는 이웃 나라와의 전쟁에서 큰 승리를 거두었던
군인 나폴레옹이 혼란한 프랑스를 안정시킬 수 있다고 생각했거든.

나폴레옹은 '자유와 평등'이라는 프랑스 혁명의 가치를 잘 담아서
사람들이 지켜야 하는 법전을 만들었어. 학교와 공장도 짓도록 했지.
나폴레옹은 사람들에게 믿음을 주었고, 결국 프랑스의 새로운 황제가 되었어.

"나폴레옹이 나타났다!"
프랑스와 전쟁을 벌이던 이웃 나라 군대들은 두려움에 떨었지.
나폴레옹 군대와 벌인 전쟁에서 번번이 지고 말았거든.

유럽 대부분의 나라가 나폴레옹에게 항복하고 지배를 받게 되었어.
나폴레옹은 천하무적 같았지. 하지만 그런 나폴레옹 군대를 상대로
승리를 거둔 나라가 있었는데, 바로 영국이었어.
땅에서는 나폴레옹의 프랑스 군대가 가장 강했지만,
바다에서는 넬슨 제독이 이끄는 영국 해군의 힘이 가장 셌거든.

흠! 바다에선 나 넬슨이 최고

영국과의 전투에서 패배한 나폴레옹은
영국을 무릎 꿇게 만들기 위해 새로운 계획을 세웠어.
"영국과 무역하지 마시오!" 유럽 나라들에게 이런 명령을 내렸던 거야.
처음에는 다들 나폴레옹의 말을 잘 듣는 것 같았지만,
몰래몰래, 슬쩍슬쩍 영국과 무역하는 나라가 생겨났어.
특히 러시아가 그랬지. 영국의 공장에서 만들어 내는
품질 좋은 물건들이 러시아 사람들에게는 꼭 필요했거든.

러시아가 괘씸했던 나폴레옹은
60만 명의 군대를 꾸려서 쳐들어가기로 했어.
맙소사, 또 전쟁이네!
하지만 전쟁은 나폴레옹의 계획대로 되지 않았어.
나폴레옹이 이끄는 프랑스 군대가 이만큼 가면,
러시아 군대는 저만치 가 버렸지.
프랑스 군대가 조금씩 조금씩
러시아 깊숙이 들어가게 되었고,
아차, 하고 정신을 차렸을 때는
러시아의 추운 겨울이 시작되고 있었어.
나폴레옹은 그제야 후퇴를 결정했지만,
너무 늦어 버렸던 거야.
혹독한 추위에 시달리던 나폴레옹 군대는
뒤쫓아 오는 러시아 군대를 이기지 못했어.

나폴레옹 군대의 패배 소식은 금세 곳곳으로 퍼져 나갔어.
'기회는 이때다!' 하며 유럽 나라들이 힘을 합쳐 나폴레옹을 공격했고,
연이은 공격을 받은 나폴레옹의 군대는 완전히 힘을 잃었지.
황제 자리에서도 물러나게 된 나폴레옹은
바다 한가운데에 있는 작은 섬으로 쫓겨나고 말았어.

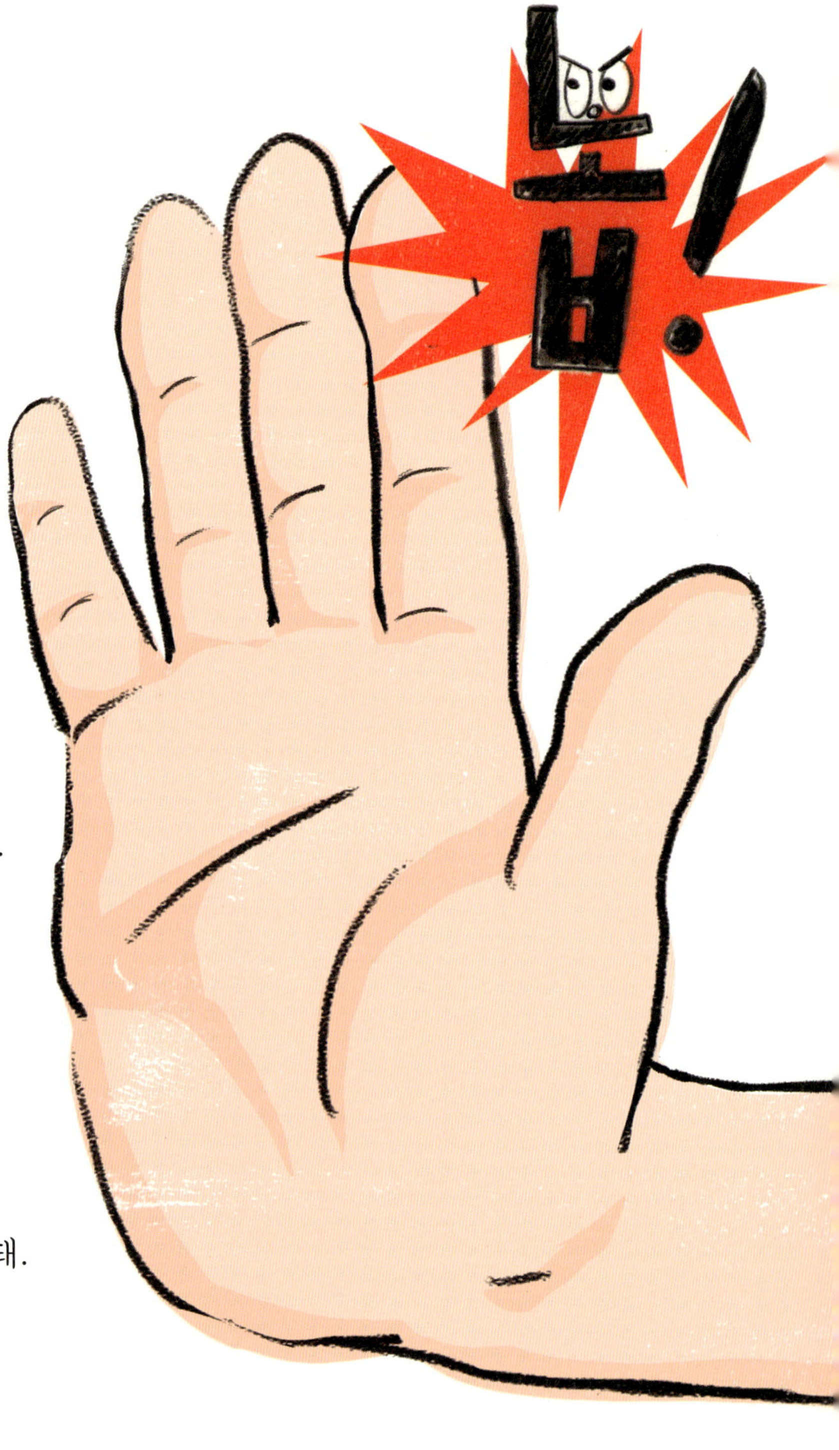

나라는 역시 왕과 귀족들이 다스려야 해.
프랑스 혁명 때 농민들이 나눠 가졌던 땅을 귀족들에게 되돌려 주겠다.

새로운 프랑스 왕은 이런 생각을 하는 사람이었어.
하지만 프랑스 혁명을 기억하는 사람들, 그러니까
모든 인간은 자유롭고 평등하다는 외침을
기억하는 사람들은 이 상황을
순순히 받아들일 수 없었지.
또다시 차별받게 된 사람들은 더더욱 화가 났어.
그래서 프랑스에서는 몇 번의 혁명이 더 일어나게 돼.
정말이지 프랑스는 '혁명의 나라'야.

"와! 혁명이다! 제멋대로 나라를 다스리는 왕을 쫓아내자!"
"와! 또 혁명이 일어났다! 왕을 대신할 대표를 우리 손으로 뽑자!"

결국 프랑스는 왕을 없애고, 대통령을 뽑는 나라가 되었어.
이 소식을 들은 다른 유럽 사람들도 프랑스 사람들을 본받기로 했지.
왕과 귀족의 지배를 받으며 세금만 바치는 것이 아니라,
법의 보호를 받으며 자유롭고 평등한 권리를
누리는 사람으로 살고 싶었던 거야.

혁명은 프랑스를 넘어 유럽 곳곳으로 번져 갔어.

"우리도 프랑스처럼 의회와 헌법을 만듭시다."
"하나의 헌법으로 다스릴 수 있는 통일된 나라를 만듭시다."

사람들의 목소리가 하나둘 모이면서 거대한 함성으로 변했지.

여러 개의 작은 나라로 나뉘어 있던 독일 지역에
'독일 제국'이라는 강력한 나라가 들어선 것도 이때야.
이탈리아반도에 있던 몇 개의 나라들이
'이탈리아 왕국'으로 통일되는 것도 이 무렵이었지.
영국이나 프랑스보다는 늦었지만, 독일과 이탈리아도
그들만큼 강한 나라로 거듭나게 될 거야.

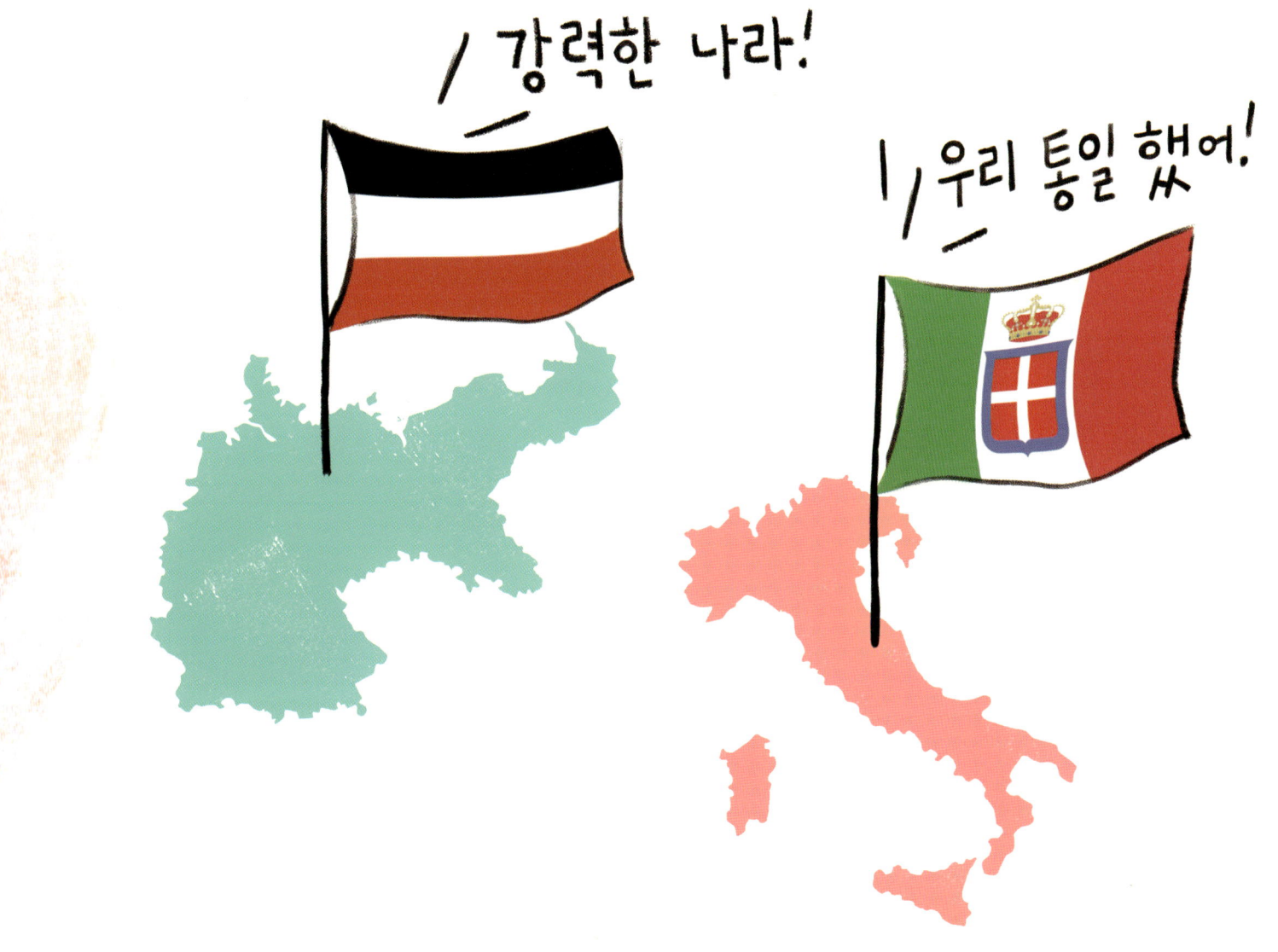

프랑스 혁명이 시작된 것은 1789년이야.
그로부터 100년이 지난 1889년, 프랑스 혁명 100주년을 기념하는 탑이 파리에 세워졌어. '에펠탑'이라고 들어 본 적 있니?

우아! 세계에서 가장 높은 탑이야

높이가 300미터쯤 되는 에펠탑은
당시에 세계에서 가장 높은 탑이었어.
그때까지만 해도 주로 돌을 사용해서
건물이나 탑을 세웠는데,
에펠탑은 철로 만들어서
그렇게 높이 지을 수 있었던 거야.

그 100년 사이에 프랑스에서도 산업 혁명이 일어났어.
도시 곳곳에 공장이 세워졌고, 공장에서는 기계가 쉬지 않고 돌아갔지.
프랑스가 아시아와 아프리카에 식민지를 늘려 간 것도 그 무렵이었어.
하지만 프랑스가 지배하던 다른 나라에서는
'모든 인간은 자유롭고 평등하다'는 프랑스 혁명의 가치가 지켜지지 않았어.
세계 구석구석까지 진정한 자유와 평등의 가치가 전해지기 위해서는
더 긴 시간이 필요했단다.

나의 첫 역사 여행

프랑스의 수도, 파리

노트르담 대성당

프랑스의 수도가 파리인 건 알고 있지?

파리를 가로질러 흐르는 강이 있는데, 그 강의 이름은 센강이야.

센강에는 시테섬이라는 작은 섬이 있어. 섬이라고는 해도

이런저런 다리로 연결되어 있어서 걷거나 차를 타고 갈 수 있지만 말이야.

시테섬의 건축물 중에는 노트르담 대성당이 유명해.

고딕 양식으로 지어진 오래되고 아름다운 성당이라는 점도 특별하지만,

나폴레옹의 황제 대관식이 이루어진 곳이라 역사적으로도 중요한 장소야.

프랑스 화가 자크 루이 다비드는 나폴레옹이 황제가 되는 장면을

장엄한 그림으로 남겨 두었어. 이 그림은 루브르 박물관에서 볼 수 있지.

| 노트르담 대성당의 서쪽 입구 | 자크 루이 다비드의 〈나폴레옹 1세의 대관식〉 |

센강에서 바라본 루브르 박물관

루브르 박물관

파리의 센강 근처에 위치한 루브르 박물관은 세계에서 가장 큰 박물관이야. 특별한 예술 작품들이 많아서 파리를 여행하는 사람이라면 꼭 방문하는 곳 중의 하나지. 원래는 왕이 머무르며 나랏일을 돌보는 궁전으로 사용하다가 프랑스 혁명이 일어난 이후에 지금처럼 박물관으로 쓰이게 돼. 루브르 박물관에는 〈밀로의 비너스〉 조각상이나 레오나르도 다빈치의 〈모나리자〉 같은 유명한 작품들이 많아. 나폴레옹의 군대가 이집트에서 가져온 수집품들을 비롯해 고대 그리스와 로마 시대의 진귀한 유물들도 볼 수 있지.

에투알 개선문

샹젤리제 거리는 파리에서 가장 아름다운 장소로 손꼽히는 곳이야. 매년 7월 14일, 프랑스 혁명 기념일에 샹젤리제 거리에서 멋진 퍼레이드가 펼쳐지곤 해. 샹젤리제 거리의 서쪽 끝에 있는 샤를 드골 광장에 나폴레옹의 명령으로 지어진 개선문이 우뚝 서 있지. 황제가 된 나폴레옹은 오스트리아, 러시아, 영국이 힘을 합친 동맹군과 전쟁을 치르게 되었어. 이 전쟁에서 거둔 큰 승리를 기념하기 위해 개선문을 세우도록 했던 거야. 개선문에는 나폴레옹 시대에 벌어진 전투의 이름이나 전쟁에 참여했던 사람들의 이름이 새겨져 있어. 제1차 세계 대전에서 목숨을 잃은 군인들의 묘가 있는 곳이기도 해.

에투알 개선문

개선문 아래에 있는 무명용사의 묘

나의 첫 역사 클릭!

이탈리아와 독일, 통일을 이루다!

프랑스 혁명과 나폴레옹의 군대가 유럽 곳곳에서 영향력을 끼치고 있을 때
이탈리아는 여러 개의 크고 작은 나라들로 나뉘어 있었어.
북쪽의 사르데냐 왕국이나 남쪽의 시칠리아 왕국 말고도 여러 나라가 있었지.
주변 나라들의 간섭이 갈수록 심해지자 이탈리아 지역이 하나의 나라로
통일되기를 바라는 사람들이 점점 늘어 갔어. 특히 사르데냐 왕국의 재상이었던
카보우르가 앞장섰지. 카보우르는 주변 나라들과 전쟁을 벌이거나
외교 정책을 펼치면서 이탈리아 북쪽에 있는 나라들을 하나둘씩 합치기 시작했어.
이탈리아 남쪽 지역을 통일하는 데 큰 역할을 한 사람은 가리발디 장군이야.
가리발디가 이끄는 군대가 이탈리아 남쪽의 시칠리아와 나폴리를 점령했지.
그 후에 가리발디가 통일한 이탈리아 남쪽 지역을 사르데냐 국왕에게 바치면서
마침내 이탈리아는 하나의 나라가 되었어. 사르데냐 왕국의 왕이었던
비토리오 에마누엘레 2세가 통일된 '이탈리아 왕국'의 왕이 되었던 거야.

이탈리아 로마에 위치한 비토리오 에마누엘레 2세 기념관

이탈리아가 통일을 이루던 무렵, 독일도 하나의 나라가 되었어.
그 중심에는 프로이센 왕국이 있었지. 프로이센의 왕은 빌헬름 1세였는데,
빌헬름 1세의 신망을 얻으며 나랏일을 이끌어 가던 비스마르크라는 사람이 있었어.
비스마르크는 독일 통일에 프로이센이 중요한 역할을 하기를 바라며 전쟁을 벌였지.
프로이센은 오스트리아와 전쟁을 벌이며 독일의 북쪽 지역을 통일했고,
그다음에는 프랑스와 전쟁을 벌이며 독일의 남쪽 지역까지 통일하게 되었어.

독일 베를린에 위치한 비스마르크의 동상   프로이센의 왕이자 독일 제국의 황제였던 빌헬름 1세

그 당시 프랑스를 다스리고 있던 사람은 나폴레옹 3세인데,
우리가 잘 알고 있는 나폴레옹 황제의 조카였지. 그런데 프로이센과 벌인 전쟁에서
나폴레옹 3세가 포로로 잡혔고, 얼마 뒤에는 황제 자리에서 쫓겨나고 말았어.
프랑스와의 전쟁에서 승리를 거둔 프로이센은 남부 독일까지 포함하여
'독일 제국'을 선포하기로 했지. 프로이센의 왕이었던 빌헬름 1세는
그렇게 독일 제국의 초대 황제가 되었어.

글 박혜정

성균관대학교 역사교육과에서 공부했습니다. 중학교에서 역사를 가르치며 학생들과 세계사의 재미를 나누고 있습니다. 두 아이의 엄마로, 아이를 무릎에 앉혀 놓고 그림책을 읽어 주던 때가 인생에서 빛나던 시절 중 하나라 여기고 있습니다.

그림 이예숙

대학에서 동양화를 전공하고, 지금은 그림책 작가, 그림책 공연가, 팝업 아티스트로 활동하고 있습니다. 쓰고 그린 책으로 《이상한 동물원》, 《우리 곧 사라져요》, 《같이 놀까?》, 《이상한 구십구》 등이 있고, 그린 책으로 《아이작 뉴턴》, 《엄마가 사라진 날》, 《첫사랑 바이러스》 등이 있습니다.

나의 첫 세계사 14 — 자유와 평등을 외친 프랑스

1판 1쇄 발행일 2023년 10월 2일

글 박혜정 | **그림** 이예숙 | **발행인** 김학원 | **편집** 박현혜 | **디자인** 박인규

저자·독자 서비스 humanist@humanistbooks.com | **용지** 화인페이퍼 | **인쇄** 삼조인쇄 | **제본** 다인바인텍

발행처 휴먼어린이 | **출판등록** 제313-2006-000161호(2006년 7월 31일) | **주소** (03991) 서울시 마포구 동교로23길 76(연남동)

전화 02-335-4422 | **팩스** 02-334-3427 | **홈페이지** www.humanistbooks.com

글 ⓒ 박혜정, 2023   그림 ⓒ 이예숙, 2023

ISBN 978-89-6591-523-2 74900
ISBN 978-89-6591-460-0 74900(세트)

- 이 책은 저작권법에 따라 보호받는 저작물이므로 무단 전재와 무단 복제를 금합니다.
- 이 책의 전부 또는 일부를 이용하려면 반드시 저작권자와 휴먼어린이 출판사의 동의를 받아야 합니다.
- **사용연령 6세 이상** 종이에 베이거나 긁히지 않도록 조심하세요. 책 모서리가 날카로우니 던지거나 떨어뜨리지 마세요.